<u>Table</u>

Prologue

Le mouvement pro-palestinien en France est traditionnellement contrôlé par l'extrême gauche. Alors que début juillet 2014, Tsahal lance l'opération «Bordure protectrice» sur Gaza, le «Collectif national pour une paix juste et durable entre Israéliens et Palestiniens» s'empare de la vague de protestation qui s'exprime dans la rue.

Composé d'une cinquantaine d'associations, syndicats et partis politiques (CGT, UNEF, LDH, NPA, PCF, etc.), ce collectif est représenté, auprès des autorités, par Alain Pojolat, un pilier du NPA, et dans les médias institutionnels, par Youssef Boussoumah, membre fondateur du Parti des Indigènes de la République et compagnon d'Houria Bouteldja.

Plus de 20.000 personnes y ont manifesté leur soutien au Hamas avant d'entamer, en début de soirée, une répétition d' intifada dans le quartier Haussmann-Saint Augustin, à quelques centaines de mètres de la place de la Concorde. La foule, arabe et maghrébine, était elle-même calme mais revendicative, brandissant des drapeaux du Hamas, de la Palestine, d'Algérie, du Maroc, de Tunisie. De nombreuses jeunes femmes étaient présentes, souvent voilées.

Parmi les slogans les plus entendus, "*Israël assassin!*" revenait sans cesse, à quoi était rajouté indifféremment : "*L'Europe complice*", ou encore "*La France complice!*". Les médias étaient aussi une cible régulière, avec des pancartes: "*Médias français montrez la vérité*", ou des slogans plus improvisés sur "*les médias sionisés*". L'étoile de David était très systématique associée à la croix gammée. "*La police t'es foutue le Hamas est dans la rue!*". D'autres diatribes se faisaient en arabe. Régulièrement, des groupes lançaient des "Alloua akbar !".

C'est dans ce défilé, plutôt bien structuré et encadré, qu'avaient pris place, vers la fin du cortège, les délégations d'extrême gauche, fortes d'un millier de personnes. Le PCF, la LCR, Lutte ouvrière, le nouveau parti anticapitaliste, les Verts avaient appelé à cette démonstration de soutien au Hamas...

Menaces de mort en 2017

"*Rien ne nous fera dévier d'un centimètre sur nos engagements, nos convictions, nos solidarités avec le peuple palestinien*». Le ton était grave aux vœux du PCF du Val-de-Marne. Le secrétaire départemental Fabien Guillaud-Bataille a révélé devant plusieurs dizaines d'élus et de militants réunis dans l'espace Robespierre à Ivry-sur-Seine, « *les menaces de mort de la part de hackers et fanatiques*» dont ont été victimes le parti et des membres du Mouvement Jeunes Communistes français (MJCF) du Val-de-Marne en décembre 2016. Une plainte contre X a été déposée. Une enquête a été ouverte.

«*Nous avons reçu des appels de menace au standard de la fédération, jusqu'à voir débarquer en pleine nuit une entreprise de pompes funèbres pour lever un corps dans nos locaux, corps qui n'existait pas*», raconte au micro Fabien Guillaud-Bataille. Cette nuit-là à la mi-décembre 2016, vers 1 heure du matin, un corbillard attendait Mehdi Belmecheri-Rosenthal, responsable national des questions internationales chez les Jeunes Communistes. Une sorte de canular appelé «swatting» dont s'était rendu célèbre le hacker franco-israélien Ulcan. En 2015, Jean-Claude Lefort, ancien député communiste du Val-de-Marne, ex-président de l'association France-Palestine Solidarité en avait été victime lui aussi. Des policiers avaient débarqué chez lui, alertés pour un soi-disant délit. Il était absent à ce moment-là.

Les premiers appels menaçants démarrent au tout début décembre. «*Juste après notre action BDS, Boycott désinvestissement sanction, au Leclerc de Vitry le 3 décembre*», constate Mehdi. BDS est une campagne pro-palestinienne, qui se réfère aux campagnes de boycott conduites contre le régime d'apartheid d'Afrique du Sud, pour appeler à des pressions sur Israël, avec notamment le boycott des produits issus des colonies israéliennes.

Le MJCF 94 avait filmé en direct son action. Une vidéo qui déclenche les hostilités. Pendant deux semaines, tous les jours, le jeune homme reçoit des appels sur son portable. Une trentaine au total. «*On menaçait de me tuer, de me violer, de faire du swatting chez mon père*», confie la victime. Le harcèlement va durer jusqu'à Noël. «*Je dormais mal, j'étais tendu* », avoue le jeune communiste. Parallèlement, piratage de boîtes mail, tentative sur le compte Facebook, les attaques se multiplient. Le MJCF 94 est pris à partie par un groupe extrémiste pro israélien qui a repris la vidéo de l'action BDS. « *Des membres ont été insultés sur notre Facebook, sur leurs profils, ou directement dans les commentaires sur le site de ces extrémistes*», poursuit

Mehdi. Ainsi, parmi l'avalanche de messages, peut-on lire encore « un bon communiste est un communiste mort ».

Jean-Luc Mélenchon

Antisemite?

Le Parti de Gauche a ainsi annoncé étudier «les conditions de déposer une plainte contre Dominique Reynié», le directeur général de la Fondation pour l'innovation politique (Fondapol), coupable d'avoir considéré sur France Inter, *«le Front de gauche et les électeurs de Jean-Luc Mélenchon»* comme un « foyer d'expression de l'antisémitisme».

A l'origine de ce constat, une étude déjà ancienne de Fondapol (elle date de novembre 2014) qui constate que *«la société française comprend trois foyers d'expression de l'antisémitisme très forts. Le premier, ce sont les proches du Front national et les électeurs de Marine Le Pen, qui occupent une espèce de sommet en la matière. Le second groupe, c'est parmi les Français musulmans, où on trouve également une opinion antisémite qui se partage plus facilement. Et puis le troisième groupe ce sont les proches du Front de gauche et les électeurs de Jean-Luc Mélenchon, où là aussi on trouve, à un degré moindre et sur des ajustements ou des agencements différents, l'expression d'un antisémitisme fort »*.

«Une calomnie» a donc répondu Mélenchon avant de préciser: «*Si vous trouvez qu'il n'y a pas assez d'antisémites et qu'il faut en inventer, on est vraiment dans la névrose. Ça va mal tourner : petit à petit, on installe une certaine banalité de l'antisémitisme*».

A Grenoble en clôture du "Remue-méninge" du Parti de Gauche, JLM s'adressant à la communauté juive de France à travers le Crif et donc aux Juifs français, il a dit: "*La République, c'est le contraire des communautés agressives qui font la leçon au reste du Pays*".

Mélenchon a réduit l'été dernier, avant même la tuerie antisémite de l'HyperCacher, avant la profanation antisémite du cimetière de Sarre-Union, que les attaques de synagogues à Paris et à Sarcelles aux cris de "Mort aux Juifs", à "quelques excès" provenant de "quelques énergumènes"...

Mélenchon a d'ailleurs ressorti au même rassemblement de Grenoble du 24 août 2014 cette vieille antienne: il serait la victime d'un procès en antisémitisme intenté par le Crif à lui comme à tous ceux qui auraient "*l'audace de critiquer l'action d'un gouvernement*" en l'occurrence du gouvernement israélien. Il a defendu (le 24 août) devant "ses" militants, "*les populations martyrisées de Gaza*" en précisant : "*Nous ne croyons pas aux Peuples supérieurs aux autres*".

Jean-Luc Mélenchon clame dans le même discours de Grenoble qu'"*en fidélité à ces combats du passé, en fidélité au souvenir des meurtres de masse qui ont été commis dans le passé, nous nous sommes portés aux avant-postes du soutien à cette malheureuse population*".

Apres avoir manifesté avec des représentants du Hezbollah et du Hamas dans le cadre d'une manifestation anti-israélienne, voilà que le Front de Gauche de Jean-Luc Mélenchon a précisé sa position sur le conflit israélo-palestinien. Il soutient pleinement la reconnaissance de l'Etat palestinien avec Jerusalem Est pour capitale.

Mélenchon réclame ouvertement le retrait israélien de Jérusalem Est et surtout la présence juive dans cette ville comme dans tout le pays. Le Front de Gauche pense aussi que l'accord d'association entre l'Union européenne et Israël doit être suspendu "*tant que le gouvernement israélien ne se conformera aux obligations qui lui incombent en vertu de ce traité. Nous œuvrerons en ce sens au sein du Conseil européen et nous veillerons à ce qu'aucune nouvelle opportunité commerciale ne soit accordée à Israël en l'état actuel des choses*".

Mélenchon réclame ouvertement le gel des relations européennes avec Israël. L'UE et l'Etat Juif sont engagés déjà dans un partenariat politique étroit et des relations de commerce et d'investissement mutuelles. Il estime que l'engagement de Mme Pécresse pour lutter contre le boycott des produits israéliens des implantions, est un «engagement communautariste».

Gil Taieb
vice-président du CRIF, qui a réagi via sa page Facebook:

"J' ai entendu Merdelenchon ce matin. Il a vomi sa haine anti Israël. Il a hurlé sa haine contre les institutions juives. Il a vociféré sa détestation du soutien de la communauté juive à la cause d' Israël. Il n a pas supporté le rapport fraternel que nous avons avec l'ambassade d Israël.

Je veux lui dire:

Que ses mots sont ceux d'un ennemi de la Paix, d'un antisémite, d'un destructeur du pacte républicain, d'un fasciste populiste prêt à tout pour exister et d'un ennemi de la France

Je veux lui dire qu'il ne représente heureusement personne et que chaque jour il s'enfonce dans la bouse nauséabonde.

Je veux lui dire qu'il ne nous fait pas peur et que son engagement avec les djihadistes du Hamas font de lui un complice des assassins qui ont pris en otage le peuple de Gaza, qui tirent chaque jour sur les civils israéliens, qui ont fait coulé le sang des enfants et qui arment le bras des djihadistes qui sèment la mort aux 4 coins de la planè

Je veux lui dire que nous n acceptons plus sa présence à une commémoration puisqu'il préfère les juifs morts à ceux qui vivent et se défendent

Je veux lui dire que je l'emmerde!

Tel Aviv sur Seine

La danse du scalp menée par la gauche de la gauche à propos de Tel Aviv sur Seine occupe l'espace médiatique au beau milieu de la pause estivale. Les ténors de la politique étant au vert ou au bord de la grande bleue, d'autres font l'actualité et comptent bien en profiter pour se faire une notoriété. Encore une fois, la cause palestinienne n'est malheureusement qu'un prétexte.

Il n'aura échappé à personne que la bronca contre Tel Aviv sur Seine a été lancée par Danielle Simonnet, une élue municipale parisienne du Parti de Gauche de Jean-Luc Mélenchon. L'occasion de se payer la maire de Paris, Anne Hidalgo, et de tenter de mettre le PS dans l'embarras, semblait trop belle. En critiquant le choix de Tel Aviv comme partenaire de Paris plage, il était facile de fédérer autour d'elle une d'alliance allant du très rouge au très brun, en passant par le BDS (Boycott, Divestment, Sanctions), l'Association France Palestine Solidarité etc.

Ainsi, depuis le début de «l'affaire Tel Aviv sur Seine», les ultras du PG semblent occuper l'espace médiatique. En l'absence de prise de parole de Mélenchon sur le sujet, Eric Coquerel le coordinateur du Parti de Gauche, n'est monté au front que très tardivement pour presque contrecarrer les propos de Madame Simonnet!

CRIF

Jean-Luc Mélenchon était l'invité de l'émission «des Paroles et des Actes» sur France 2, l'occasion pour lui de revenir sur la montée du communautarisme. Plutôt que d'attaquer «toujours les mêmes», comme le font la plupart des politiques, l'ex-président du Front de Gauche s'en est pris au CRIF et à son président Roger Cukierman.

David Pujadas, co-auteur d'un livre avec l'imam médiatique Hassen Chalghoumi, souhaitait relancer le débat sur le voile à l'université en présence de Jean-Luc Mélenchon. Mauvaise pioche, puisque le candidat aux élections présidentielles de 2017 a rappelé que seuls les fonctionnaires devaient porter une tenue neutre et a rebondi sur le communautarisme pour attaquer le président du CRIF (Conseil Représentative des Institutions Juives de France) Roger Cukierman.

«Je voudrais dire que je désapprouve absolument les propos de M. Cukierman, le président du CRIF, qui a écrit au président de la Commission européenne, à propos d'Israël évidemment et du boycott des produits des colonies.

Il leur a dit: "Je suis le représentant politique de la première communauté juive d'Europe." Non, Monsieur Cukierman, vous n'êtes pas le représentant politique. Les Français juifs ont des représentants politiques: leurs députés et leurs partis. Aucune communauté n'a le droit de prétendre qu'elle représente politiquement une partie de la population française.»

Une condamnation extrêmement ferme de Jean-Luc Mélenchon qui n'a pas dû plaire au CRIF et à son président...Celui que ses supporters qualifient aujourd'hui – le plus sérieusement du monde- d'humaniste et les incultes de grand homme intègre et juste avait déjà attaqué sur France2, dans Des paroles et des actes en mai 2015, Roger Cukierman, le qualifiant de tout-puissant président du CRIF qui donnait même des ordres à Valls et Hollande.

Et du CRIF le candidat Mélenchon va jusqu'à dire qu'il s'agit d'une organisation haineuse, hargneuse: *Je suis contre le communautarisme, tous les communautarismes, le CRIF, cette organisation haineuse. Si nous avons quelque chose à dénoncer c'est ceux de nos compatriotes [juifs]qui ont crû, bien inspirés, d'aller manifester devant l'ambassade d'un pays étranger ou d'aller servir sous ses couleurs les armes à la main.»*, a accusé Mélenchon, alors que lors de la manifestation de solidarité avec Israël organisée par le Crif, une minute de silence pour les victimes palestiniennes et israéliennes avait été observée.

«Nous n'avons peur de personne. N'essayez pas de nous faire baisser les yeux. Peine perdue. Je voudrais dire au CRIF que cela commence à bien

faire. *Les balayages avec le rayon paralysant qui consiste à traiter tout le monde d'antisémite dès qu'on a l'audace de critiquer l'action d'un gouvernement. C'est insupportable. Nous en avons assez. La République, c'est le contraire des communautés agressives qui font la leçon au reste du pays.*», a-t-il conclu.

Dans une lettre ouverte adressée au Premier ministre français, Manuel Valls, une association anti-israélienne a demandé au gouvernement français de poursuivre en justice les ressortissants juifs français engagés dans l'armée israélienne combattant à Gaza, accusés de commettre des crimes de guerre.

Le président de l'association France Palestine Solidarité (AFPS), Taoufiq Tahani, comparant l'enrôlement des ressortissants juifs français dans l'armée israélienne aux départs des djihadistes français vers la Syrie, alerte les autorités françaises sur la possible implication de certains «*jeunes compatriotes acteurs directs ou indirects de crimes de guerre*» à Gaza, «*un théâtre d'opération où, pour reprendre le mot de Laurent Fabius, s'est déroulé un véritable carnage*».

L'association dénonce en particulier les soldats servant comme volontaires dans l'armée israélienne sans même qu'ils aient nécessairement la nationalité israélienne grâce au programme «Mahal».

«*Ce programme, qui dure de 14 à 18 mois, s'adresse à des jeunes « qui ne possèdent pas la nationalité israélienne et qui souhaitent néanmoins s'enrôler dans Tsahal sans devenir Israélien*» et sont appelés à servir dans des unités combattantes.», précise l'AFPS.

Le soldat franco-israélien, Jordan Bensemhoun, 22 ans, originaire de Lyon, avait été tué à Gaza en 2014 lors d'une offensive dans le quartier de Chajaya. Le jeune homme était arrivé en Israël en 2008 et effectuait son service militaire depuis deux ans au sein de la Brigade Golani. Deux autres soldats franco-israéliens ont été également blessés dans les combats.

Selon les services consulaires français, de 7 000 à 8 000 Franco-Israéliens effectueraient leur service national dans l'armée israélienne. Mais la majorité d'entre eux sont nés ou vivent en Israël depuis de nombreuses années.

Hamon

Benoît Hamon s'installe sur un tabouret, il enchaîne les sujets. Un mot sur sa circonscription, Trappes. Puis un autre sur la laïcité qui ne doit pas se définir selon les positions des « Finkielkraut, Fourest et Sifaoui » qui défendent une ligne «douteuse». Caroline Fourest et Mohammed Sifaoui sont menacés de mort : des fatwas ont été lancées contre eux. Ces deux personnes vivent en permanence sous protection policière.

Benoît Hamon, lui, ne touche pas à l'islam. C'est le prix qu'il paye pour se promener librement avec une escorte amoureuse et amicale dans certains quartiers de Trappes. On n'ose imaginer Caroline Fourest, « kouffar », marchant dans certaines rues de cette ville. Combien de policiers ne faudrait-il pas mobiliser afin de lui éviter un châtiment mérité? Par opposition, on observera avec admiration la maestria fusionnelle de Benoît Hamon : il est chez lui, comme un poisson dans l'eau, dans les quartiers de Trappes.

Radio J

Manuel Valls réfute l'accusation, par son camarade Benoît Hamon, d'une islamophobie d'État, ou d'un racisme d'État à l'égard des musulmans : *«Quand Benoît Hamon s'en prend à une laïcité douteuse et qu'il met dans le même paquet d'ailleurs Alain Finkielkraut, Caroline Fourest, Mohamed Sifaoui, là oui d'une certaine manière il fait référence à la campagne du CCIF, de cette organisation qui cherche à faire croire que dans notre pays il y a une islamophobie, pour reprendre leur mot, d'État ! Il y a un racisme d'État, l'état d'urgence ferait partie de, alors qu'il s'agit de lutter contre le terrorisme tout de même et de protéger les Français, de, ce racisme d'État. »*

Frederic Haziza : *«Alain Soral, dont on a parlé, appelle à voter Benoît Hamon via son site Égalité & Réconciliation. Donc il a pondu entre guillemets un certain nombre de délires sur ce site, et je le cite : "Voter Hamon, c'est le moyen d'écarter définitivement Valls de la présidentielle, un candidat qui a juré fidélité au CRIF et à Israël, que ce soit par le politique, le médiatique, le juridique ou le policier". Il ajoute, Soral, "la France du président Valls ce serait quoi", sa réponse : "le dîner du CRIF chaque soir à l'Élysée, la LICRA qui poursuivra le moindre écart de pensée sur Internet"... bref, et c'est Soral qui conclut : "la France soumise et trahie". »*

Valls : *« Frédéric Haziza, vous m'entraînez dans ce débat et dans ces citations écœurantes de ce, de ce, de ce personnage... C'est une provocation infâme et insupportable... Qui peut un instant penser que Benoît Hamon puisse se réjouir d'un tel soutien ? Bien au contraire. Mais, raison de plus pour se mobiliser, pour être très déterminés, pour ne rien laisser passer, pour (hésitation) mettre à terre un tel personnage. »*

Frédéric Haziza : «*Alexis Bachelay, le porte-parole de Benoît Hamon, il est de moins en moins clair? Vous l'avez croisé à l'Assemblée depuis des années, vous voyez ce qu'il fait, et d'ailleurs il a même utilisé sa réserve parlementaire pour financer une ludothèque à Gaza. C'est normal, ou pas*»

Valls : «*Mais, qu'on aide les Palestiniens en difficulté ça ne me choque pas, mais il faut toujours savoir où sont les aides. Et je me rappelle que le même Alexis Bachelay avait dénoncé mais avec une violence incroyable cette belle manifestation qu'était Tel Aviv en Seine!*»

Haziza : «*C'était le 11 août 2015, pour dénoncer la journée Tel Aviv sur Seine initiée par la mairie de Paris, Bachelay : "vu ce qui se passe en Palestine, le régime de Pretoria était peut-être plus doux que l'extrême droite qui gouverne en Israël". *»

Valls : «*Je crois que vous venez de tout dire. Ça parle. Il y a une partie de la gauche qui n'a pas compris ce qui était en train de se passer dans notre société. Les cris de "mort aux juifs", Dieudonné et Soral, le combat, j'étais un peu seul contre Dieudonné fin 2013, donc on n'a pas compris ce qui est en train de se passer, j'étais l'un de ceux qui l'ont compris et qui l'a exprimé avec force et avec mes tripes !*»

Haziza :« *Antisémitisme.Vous avez fait de la lutte contre le racisme, pas seulement l'antisémitisme, le racisme, l'antisémitisme, l'un des axes de votre action au ministère de l'Intérieur puis à Matignon. Le problème c'est qu'en dépit de ces chocs successifs, on a tué sur le sol français des juifs parce qu'ils étaient juifs, l'antisémitisme continue de prospérer en France…*»

Valls : «*Mais le mal est profond ! Ce mal se diffuse sur Internet, sur les réseaux sociaux, c'est une vraie bataille politique, culturelle, que nous devons mener. Quand un enfant dans une école – je l'ai souvent dit à cette antenne – explique que à la réponse de son enseignante que son ennemi c'est le juif, quand à travers les paraboles, à travers un certain nombre de télévisions des pays arabes, quand sur les réseaux sociaux on déverse cet antisémitisme officiel, évidemment cela malheureusement touche, touche les esprits faibles et pas seulement les esprits faibles. Quand on voit ce que Dieudonné à un moment comme succès, y compris de complicités heureusement aujourd'hui et grâce à la bataille que j'ai menée c'est moins le cas, on voit bien qu'il y a un énorme travail à faire… *»

Haziza : « *On se rend compte que les attaques, y compris celles à connotation antisémite contre vous et votre épouse, ont débuté après l'offensive que vous aviez lancée en décembre 2012 contre Dieudonné et Soral. […] Comment expliquez-vous que ces deux personnages, Soral et Dieudonné, deux gourous antisémites, personnages proches de Jean-Marie*

Le Pen, de Faurisson, du régime iranien, du régime d'Assad, aient autant d'audience parmi les jeunes des quartiers ? »

Valls : « *Soral et Dieudonné, c'est toujours triste de les citer, ils ont touché un public beaucoup plus large de ce que l'on peut croire... Parce que le travail de mémoire a été négligé, parce qu'on n'a pas rappelé ce que l'antisémitisme pouvait représenter comme particularité, parce qu'on a voulu tout confondre, tous les crimes, tous les massacres, parce qu'on a voulu relativiser la place de la Shoah dans notre histoire universelle et son caractère imprescriptible... »*

Haziza : « *Roland Dumas justement avait choqué en vous accusant d'être sous influence juive, sous influence juive comprendre de votre femme, Alain Soral, Dieudonné, Oumma.com, Panamza et d'autres sites islamistes voire islamo-gauchistes vous critiquent régulièrement pour avoir déclaré que vous étiez "lié de manière éternelle à Israël". Est-ce que c'est une phrase que vous assumez, Manuel Valls ? »*

Valls : «Mais oui!»

CCFI

Ce fut l'une des séquences les plus tendues du débat de l'entre-deux tours. Au chapitre de la laïcité, Manuel Valls a mis en garde son adversaire, Benoît Hamon, contre les tentatives de rapprochement entre une partie de la gauche et certaines organisations controversées comme le Collectif contre l'Islamophobie en France (CCIF). Il a notamment visé les propos de son concurrent sur la journaliste Caroline Fourest, adversaire du CCIF...

Sans mettre en cause directement le député des Yvelines, Manuel Valls a en revanche visé l'un de ses porte-parole, le député PS des Hauts-de-Seine Alexis Bachelay. Il l'a accusé d'avoir pris des positions similaires au CCIF. Selon Manuel Valls, le CCIF affirme "*qu'une religion est pourchassée en France*" dans le cadre de l'état d'urgence instauré après les attentats.

Si les propos n'ont pas fait réagir directement Benoît Hamon, Alexis Bachelay, en revanche, a tenu à se défendre vigoureusement devant les caméras de LCI. Le député des Hauts-de-Seine accuse tout simplement Manuel Valls d'avoir "menti", en reprenant à son compte un article de Caroline Fourest sur ce sujet. Dans cet article, Caroline Fourest accusait Alexis Bachelay de "*donner des conférences contre l'état d'urgence en compagnie de professionnels des amalgames entre laïcité et 'islamophobie* d'Etat'", "*un an après le massacre de Charlie Hebdo*".

"*Il y a bien eu une réunion dans ma circonscription avec le CCIF, mais aussi avec l'Institut de relations internationales et stratégiques (Iris)*", a plaidé Alexis Bachelay sur LCI. "*Mais lors de ce débat, il y a une vidéo montrant que je soutiens le président de la République dans son choix de maintenir l'état d'urgence.*" Le député, déjà mis en cause sur ce sujet il y a deux jours par les soutiens de Manuel Valls, a promis de diffuser la vidéo jeudi pour en apporter la preuve.

Les députés PS ont voté plusieurs prolongations de l'état d'urgence. En revanche, en décembre 2016, plusieurs d'entre eux se sont abstenus. C'est le cas, notamment, d'Alexis Bachelay.

Marwan Muhammad le président très controversé du CCIF s'exprime ainsi sur son ami Alexis Bachelay « *Exception fait de quelques uns, intègres, qui se battent pour des idées. J'en connais quelques uns: @ABachelay, par exemple.*» Et Bachelay de lui répondre « *Marwan, Merci, il va falloir se serrer les coudes, les temps sont durs. Mais il faut tenir sur nos valeurs. A bientôt j'espère.*«

Caroline Fourest

"*Même si on a envie d'éviter ces sujets et même si on a envie de vivre dans un monde formidable où il n'y a pas ce risque d'atteinte à la laïcité et d'acte terroriste, malheureusement ce monde existe*", a-t-elle introduit, se référant au manque de volonté de Benoit Hamon de s'attarder sur une question où il est sévèrement mis en cause par ses opposants. Mais plus que le candidat lui-même, c'est son porte-parole qui a été ciblé par Caroline Fourest.

Selon elle, Alexis Bachelay "*représente ce qui se fait de plus détestable aujourd'hui dans la vie politique en terme de complaisance envers l'intégrisme et de clientélisme peut-être même (sic)*". La militante contre les intégrismes religieux accuse notamment ses relations et engagements avec certaines associations. "*C'est le vice-président du groupe France-Qatar, c'est quelqu'un qui va au dîner annuel du CCIF (Collectif contre l'islamophobie en France), [...] qui est l'une des organisations qui fait le plus pour monter les Français les uns contre les autres, en expliquant que ceux qui défendent la laïcité sont des islamophobes, que les lois contre le terrorisme sont faites pour opprimer les musulmans*".

Ces réseaux sont particulièrement déchainés contre Manuel Valls, que plusieurs sites proches des Frères musulmans et de l'extrême droite soralienne appellent à gifler et à faire battre. Cela ne fait pas de Benoît Hamon leur candidat, bien entendu. Il n'est pas responsable de ses soutiens. Mais il est responsable de ses propos et de son équipe. Elle ne cesse d'amalgamer les questions légitimes sur la laïcité avec des obsessions «identitaires» digne de l'extrême droite «islamophobe». Un mot que Benoît Hamon utilise.

Alors que Benoît Hamon connaît parfaitement mon antiracisme, j'ai découvert, un peu stupéfaite, qu'il m'attaquait dans Libération comme défendant une « ligne douteuse » en matière de laïcité. Moi, mais aussi Mohammed Sifaoui.... Menacé de mort depuis qu'il résiste à l'islamisme en Algérie. J'ai le dos large, mais livrer Mohamed aux chiens quand on sait la violence qui s'abat actuellement contre toute personne soupçonnée d'«islamophobie» relève d'un électoralisme pas très glorieux.

"Qu'il y ait des trajectoires comme celle-là au Parti socialiste, je trouve ça inacceptable", se désole-t-elle, dénonçant l'impact des prises de position du CCIF sur la radicalisation ainsi que la haine et la défiance qu'elles suscitent. "Un an après le massacre de Charlie (Hebdo), la chose la plus intelligente qu'a trouvé à faire Alexis Bachelay c'est d'inviter le CCIF pour faire un meeting commun contre l'état d'urgence", a-t-elle frontalement attaqué. Celui-ci s'était d'ailleurs défendu sur les réseaux sociaux face aux nombreux internautes lui reprochant l'organisation de ce débat.

L'essayiste, qui considère que "Manuel Valls est l'un des plus crédibles sur ces questions (de laïcité et de communautarisme), droite et gauche confondues", s'en est pris au manque de réaction de Benoit Hamon. "Il a été mis devant des faits très précis comme la complaisance de son porte-parole et n'a pas répondu à la question. Il a fui le débat sur la laïcité", conclut-elle. "Benoit Hamon incarne le manque de courage sur ces questions et Alexis Bachelay incarne la complaisance claire et nette avec ce qui aujourd'hui pour moi sont les plus grands dangers vis-à-vis de la laïcité".

Je connais Benoît Hamon depuis quelques années. Nous avons mené ensemble, à ma demande, une campagne de soutien à la liberté d'expression d'Ayaan Hirsi Ali en 2008. Cette députée néerlandaise d'origine Somalienne souvent traitée d'« islamophobe » était alors menacée de mort — elle l'est toujours — pour avoir écrit le court-métrage Soumission. Un film contre le sexisme en Islam réalisé par Théo Van Gogh, qui l'a payé de sa vie.

Au risque d'horrifier certains de ces nouveaux électeurs et soutiens, ce rappel est parfaitement exact. A l'époque, Benoît Hamon était député européen. Il m'a invité dans son courant pour tirer les leçons de l'échec subi par la gauche à la présidentielle… J'ai osé demander à la salle s'ils savaient que le « 11 septembre avait eu lieu », tellement leur silence sur ces sujets, au nom de la priorité au social, m'assourdissait.

J'ai proposé à Benoît Hamon de demander au Parlement européen le vote d'un Fond pour protéger les personnes menacées de mort en raison de leur liberté d'expression… Les députés conservateurs y ont fait barrage. Mais Benoît Hamon aura au moins essayé. Ce rappel est donc juste mais incomplet. Car aujourd'hui, alors que ce combat est plus que jamais nécessaire, je crains que Benoît Hamon n'en soit plus.

Depuis qu'il n'est plus député européen mais député des Yvelines, il est moins vigilant envers ces menaces ou la montée de l'intégrisme… Il voit dans ces débats sur la laïcité de «l'hystérie » envers l'Islam, se réfère plus volontiers à la laïcité «de principe» de Jean Baubérot (militant pour les accommodements raisonnables), s'entoure de maires de banlieue persuadés que le vote populaire se gagne en dénonçant les reportages contre la montée de l'islamisme (comme son directeur de campagne l'a fait) ou en parlant de Palestine à la moindre occasion.

Lettre de l'equipe Hamon contre Fourest

Laïcité : la confusion ne sert que la division

"Voilà que depuis lundi, le candidat arrivé en tête de la primaire de la gauche, Benoît Hamon, est la cible de toutes les critiques. Parmi celles-ci, une semble privilégiée par ceux qui tentent de le décrédibiliser. Benoît Hamon serait le candidat "des Frères musulmans", ses propos feraient écho à une "frange islamo-gauchiste". L'extrême droite, elle, n'hésite pas à reprendre ces propos.

Qu'une semaine d'entre-deux-tours voie apparaître des caricatures, cela n'est pas nouveau. En revanche, que des soutiens d'un candidat à la primaire de gauche partagent leurs éléments de langage avec l'extrême droite est inquiétant. Cela appelle chacun à la mesure et à la responsabilité, en particulier celles et ceux qui affirment faire de la laïcité leur principal combat.

C'est en particulier le cas de Caroline Fourest. Femme courageuse, engagée, avec qui nous avons partagé les combats contre l'intégrisme religieux, elle semble aujourd'hui s'être choisie une cible en la personne de Benoît Hamon. Que Caroline Fourest ait choisi de soutenir un autre candidat dans cette primaire est un choix qui lui appartient et nous le respectons. Mais nous n'acceptons pas ses approximations, ses raccourcis et, disons-le, sa mauvaise foi.

Un principe fondateur de notre république

Nous défendons, avec la candidature de Benoît Hamon, *une laïcité sans adjectif. Ni "ouverte", ni "ferme" : la laïcité, tout simplement. Elle se définit dans la loi de 1905 selon un principe fondamental : la liberté de conscience, c'est à dire de croire ou de ne pas croire, d'où découlent la séparation de l'Etat et des cultes et la garantie du libre exercice de chacun d'entre eux.*

La laïcité n'est pour nous pas une conviction, ou une idéologie. C'est un principe fondateur de notre république qu'il s'agit de préserver, de défendre et de garantir. C'est grâce à lui que chacun est libre de croire ou de ne pas croire sans subir de pression ou être inquiété, manifester son opinion religieuse ou son absence dans le cadre de l'Etat de droit, exercer ainsi sa liberté individuelle dans le respect et en harmonie avec celle des autres.

Oui, il existe en France des personnes qui testent la République sur ce principe. Il s'agit de ceux qui veulent privatiser l'espace public ou qui font pression sur leur entourage au service de leur foi ; mais aussi de cet enseignant qui exclut une étudiante de l'amphithéâtre parce qu'elle porte un voile, ou de ces maires, soutenus par un Premier ministre, qui édictent des arrêtés illégaux interdisant le port d'une tenue de plage parce qu'ils la considèrent "provocante".

Elle est le plus beau régime du monde

Nous n'avons pas de leçon à recevoir sur la lutte pour le respect de la laïcité. Elus de terrain, nous sommes confrontés aux ennemis de la République au quotidien. Les dérives extrémistes que Caroline Fourest *dénonce souvent à juste titre, nous les combattons dans nos villes, nos quartiers. Mais nous le disons clairement : quand elle assimile laïcité et lutte contre les religions, elle rend ce combat plus difficile. Elle crée de la confusion, de la stigmatisation, de la défiance là où nous avons le plus besoin d'adhésion autour de ce principe.*

Femmes et hommes de gauche, la finalité de notre engagement est l'émancipation humaine contre toute forme de déterminisme et de soumission matérielle ou symbolique. Mais nous ne confondons pas nos convictions personnelles avec le principe républicain de la laïcité, qui appartient à tous.

La laïcité n'est pas la religion de ceux qui n'en ont pas : elle est le socle commun que nous devons tous, au-delà de nos croyances, partager. Fondé comme Clemenceau l'envisageait dès 1870 sur "la liberté de conscience chez tous les citoyens", la laïcité française est une exception que nous revendiquons avec fierté : elle est, comme le répète inlassablement notre candidat, "le plus beau régime du monde."

La reponse de Caroline Fourest

Chère Naïma Charaï (je ne crois pas connaître monsieur Cherki)

Chers amis qui pensaient que ces sujets ne devraient pas être débattus pendant une primaire de gauche et qu'une intellectuelle de gauche laïque devrait se taire plutôt que de critiquer un candidat qui a toutes les chances de l'emporter… C'est sans doute mon intérêt mais je n'ai jamais écouté mes intérêts, seulement mes convictions.

Je comprends que vous soyez en campagne et qu'il faille faire gagner votre candidat. Personnellement, contrairement à ce que vous sous-entendez, je n'ai pas lancé ces alertes pour soutenir Manuel Valls. Je rêve moi aussi d'une gauche toujours plus sociale, plus écologiste. J'ai critiqué le projet de déchéance de nationalité comme le recours au 49.3 pour faire passer la loi travail pendant ce quinquennat. Je note simplement qu'il a su tirer les leçons de ces erreurs, et que tout en étant impeccablement vigilant face aux extrémismes, il est convaincu de la nécessité d'une laïcité « bouclier » qui n'aille pas jusqu'à interdire le voile sur la plage ou à l'université. Un consensus auquel mon livre sur le Génie de la laïcité a contribué. Je m'en félicite.

Vous m'accusez d'attaquer Benoît Hamon dans un climat tendu par les identitaires, mais où êtes-vous quand certains dressent des listes de militants arabes soutenant Manuel Valls en les traitant de « caniches » dont on s'occupera après la victoire ? Où étiez-vous quand Benoît Hamon, le premier, a jeté le soupçon contre moi en me qualifiant de « ligne douteuse »?

Je comprends l'émotion que peut susciter le déluge d'insultes et d'attaques venant de la fachosphère qui nous vise tous (j'y suis dépeinte en collabo de l'Islam, en burqa, quand ce ne sont pas des menaces ou des propos homophobes), Benoît Hamon y a très bien répondu, mais savez-vous ce que peut coûter le procès en «islamophobie» de nos jours? Faut-il qu'il collabore à ce genre de soupçons ?

N'avez vous-rien d'autre à répondre aux critiques factuelles adressées à la ligne du sinistre Pascal Boniface (invité lors du lancement de la campagne de Benoît Hamon) ou à son porte-parole Alexis Bachelay (soutien répété au CCIF, épinglé dans « Nos très chers émirs » pour ses demandes troublantes au Qatar, polémique contre Tel Aviv sur Seine…), à part « c'est de la mauvaise foi » ? Où sont vos arguments ? Vos réponses ? Vos clarifications ? A part amalgamer les débats sur la laïcité avec des débats identitaires, vous n'avez rien d'autre à dire ? C'est bien cette confusion qui m'inquiète pour l'avenir de la gauche.

Où serait ma crédibilité quand je dénonce l'OPA factice du FN sur la laïcité ou la laïcité façon « Sens commun » de François Fillon si je me taisais quand la gauche ferme les yeux sur l'intégrisme ?

Ces alertes, croyez-le ou non, je ne les lance pas pour fracturer le camp des progressistes. Mais parce que je crois profondément, sincèrement, qu'une gauche qui fréquente le CCIF, les « Y a Bon Awards », ne voit pas le problème du camp d'été décolonial interdit aux blancs, crie avec les loups contre « Tel Aviv sur Seine », flatte ceux qui laissent croire que « laïcité = racisme » pour gagner des voix dans les quartiers populaires, joue un jeu très dangereux.

Je l'ai fait en sachant ce que cela pouvait me coûter comme retour de bâtons (je n'ai pas été déçue), pour une raison simple : je me bats depuis vingt ans pour que la gauche reste laïque et anti-intégriste. J'avais jusqu'ici la fierté de dire à l'étranger : « La gauche française est différente des autres, elle est restée laïque, surtout depuis ce qui est arrivé à Charlie ». Je ne sais pas si je pourrais toujours le dire après dimanche. Peut-être… Si Jean-Luc Mélenchon continue à faire une campagne de qualité sur ces questions.

Nous verrons. Mais je suis sûre d'une chose. Les débats que vous avez refusés et caricaturés pendant cette primaire vont s'imposer à vous, et à nous tous, pendant le reste de cette campagne présidentielle. Vous n'avez pas aimé qu'une partie de la gauche vous pose poliment quelques questions dérangeantes ? Vous verrez le résultat quand Marine Le Pen passera l'essentiel de sa campagne sur ces points faibles.

Un candidat de gauche fragile sur ces sujets, ce n'est pas la garantie de l'apaisement, c'est tout le contraire. Un cadeau fait aux identitaires, les vrais. C'est ce qui m'inquiète profondément. J'aurais voulu qu'on leur oppose, tous ensemble, une gauche impeccablement laïque. Pour les contenir et les faire reculer. Bizarrement, en cas d'attentat, j'ai peur que brandir le revenu universel face au FN soit un peu léger… Mais vous allez trouver que je ne *rêve pas assez. Parfois, pourtant, il n'est pas besoin de dormir pour rêver. Avec un peu d'imagination et de courage, on peut le faire en restant éveillé.*

Marine Le Pen

Pour comprendre le positionnement du FN, il faut notamment revenir à la fin des années 1980, au moment de la chute du mur de Berlin. Le Front national de Jean-Marie Le Pen, alors en phase avec l'axe anticommuniste, se pose comme le défenseur de l'Occident chrétien et prétend incarner la véritable droite en se réclamant du président américain Ronald Reagan. Or, après la chute du mur de Berlin et l'éclatement de l'URSS, l'extrême droite française, désormais orpheline du communisme, n'a plus d'ennemi à l'Est. Elle doit par conséquent revoir sa politique internationale.

Pour ce faire, le FN va puiser dans les pensées de groupes, tels que le GRECE (club de pensée anti-égalitariste), qui développent la pensée du différencialisme culturel et s'opposent au métissage qui, selon eux, constitue un danger contre l'identité des peuples. Désormais, l'ennemi est à l'Ouest et il est américain car son hégémonie, culturelle et politique, menace justement les identités.

Le revirement du Front national, qui s'inscrit dans une logique contestataire, s'opère au début des années 1990 lorsqu'il s'oppose à la première guerre du Golfe, après l'invasion du Koweït par les troupes de l'Irakien Saddam Hussein. Depuis, le FN a défendu quasi-systématiquement les dictatures arabes contre les pays occidentaux, au nom du différencialisme, arguant que la démocratie et les valeurs occidentales sont inadaptées à ces populations. Un positionnement qui leur permet de légitimer leur opposition aux arabes et aux musulmans présents sur le territoire français.

Marine Le Pen

Marine Le Pen semble mal à l'aise car ce genre de dossiers gêne son entreprise de dédiabolisation du parti. Son pragmatisme la conduit à composer avec une partie de son entourage qui, par antisionisme radical, affiche son soutien au président Bachar al-Assad. Certains d'entre eux sont même très proches du régime syrien. Marine Le Pen ne veut pas se couper de cette puissante frange pro-arabe et antisioniste. Elle lui donne donc des gages en ne condamnant pas le régime des Assad, alors que paradoxalement elle n'a de cesse de tenter de normaliser ses relations avec la communauté juive et de se rapprocher de l'État d'Israël.

D'autant plus que pour justifier cette politique, la candidate frontiste développe son argumentaire classique. Elle affirme que la chute des "dictatures arabes laïques" pourrait favoriser l'instauration de dictatures islamistes aux portes de l'Europe. Un propos qui peut paraître parfois paradoxal puisque son parti entretient des relations plutôt cordiales avec des régimes islamistes tels que l'Iran. Toutefois, en agitant cette menace, elle limite l'impact de son positionnement en faveur des dictatures. De plus, ses électeurs ne font pas des relations internationales leur priorité.

Le FN porte Poutine et la Russie dans son cœur, or Poutine est l'allié de l'Iran, et son action en Syrie n'est pas uniquement contre Daesh, mais elle semble également aux observateurs les plus avertis une manière de nuire indirectement aux intérêts d'Israël.

Marine le Pen a été prise en flagrant délit d'apologie de l'Iran : "*Afin de contrer les Saoudiens, a déclaré Le Pen, la France doit s'allier à l'Iran. Les Saoudiens*, a-t-elle expliqué, *veulent, de façon très agressive, isoler l'Iran, mais la situation des femmes est de loin bien meilleure en Iran qu'en Arabie Saoudite, au Qatar, ou même au Koweït et dans les Emirats Arabes Unis.*"

Apparemment, elle est complètement ignorante, aussi bien des viols dans les prisons iraniennes, de la coutume des « mariages » arrangés pour à peine une heure, comme forme de prostitution légale sur le plan religieux chi'ite, et du fait qu'il n'y a pas plus d'un an, l'Iran a voté une loi qui autorise les hommes à épouser leurs filles adoptives dès l'âge de 13 ans, ou même plus jeune (la « norme » est de 9 ans), avec la permission de sa famille. Tout ce qu'un homme a, par conséquent, à faire pour tirer parti de cette pédophilie légalisée, consiste à « adopter » sa victime, la marier, puis la violer légalement.

Mme Le Pen ne voit aucun problème à ce que l'Iran se dote de centrales nucléaires, alors qu'on sait pertinemment que c'est la première étape vers la construction d'armes nucléaires. Elle appelle également à la fin du boycott de l'Iran, concentrant ses critiques contre l'Arabie Saoudite, ami des US et entre nous pas pires que l'Iran. Mais voilà, l'axe Téhéran-Moscou a la préférence de Marine le Pen à celui Riyad-Washington.

Après avoir manipulé certains milieux politiques et du renseignement le régime des mollahs iraniens s'incruste-il dans la campagne législative à travers le discours des figures du Front national. La violence verbale utilisée par Marine Le Pen pour calomnier l'opposition iranienne, tout en s'en prenant à son adversaire du premier tour Jean-Luc Mélenchon peut paraître surprenant pour certains. Elle a traité la principale force d'opposition iranienne d' « espèce de secte politico-religieuse (…) considérée comme une organisation terroriste tant par l'Union européenne que par les Etats-Unis

».

Ce vocabulaire ressemble étrangement à celui des intégristes au pouvoir à Téhéran qui incarnent un fascisme à caractère religieux en manipulant la religion musulmane. Certes en répétant ces mensonges propagés par la dictature religieuse des mollahs contre son opposition démocratique, Mme Le Pen voulait régler ses comptes avec son adversaire par une méthode déshonorable.

L'histoire d'amour de la droite ultra et du régime des mollahs est une histoire ancienne. C'est pourquoi la famille Le Pen est une habituée de l'ambassade d'Iran. M. Le Pen n'a d'ailleurs perdu aucune occasion pour défendre ce régime abominable et lui afficher son amitié. Alors que les Iraniens se faisaient réprimer dans les rues par la milice d'Ahmadinejad et du guide suprême, Jean-Marie Le Pen minimisait l'ampleur de la révolte pour présenter Ahamdinejad comme victime. Il faudrait donc aller au-delà des apparences simplistes. La presse s'est très peu intéressée aux liens que certains milieux en France entretiennent avec les mollahs, il est peut être temps de s'y pencher.

Le boycott de l'Iran, proclame Marine Le Pen, devrait cesser immédiatement. Les entreprises françaises devraient vite retourner en Iran et suivre l'exemple de l'Allemagne et même de l'Amérique, qui sont si désireux de jouer un rôle important en Iran. Les Allemands se positionnent discrètement, ce qui prouve, d'après elle, que leurs politiques internationales sont «mieux avisées que les nôtres ».

L'idée profondément désinformatrice de Marine Le Pen, selon laquelle l'Amérique tente de soumettre la France la rend aveugle au fait que la République Islamique d'Iran est, au moins, aussi despotique que l'Arabie Saoudite, un aussi grand parrain du terrorisme international islamiste ; qui a, au moins autant, sinon plus, l'intention d' »anéantir Israël », et tout aussi déterminé à imposer sa version de l'Islamisme radical au monde.

«L'Arabie Saoudite soutient, partout, les Salafistes extrémistes», souligne Marine Le Pen. «Il est évident que l'Arabie Saoudite soutient Al Qaïda et qu'elle le fait depuis très longtemps»

Alain Soral

Alain Soral a rejoint le Front national en 2005, et a fortement collaboré à la dernière campagne présidentielle de Jean-Marie Le Pen. Il a d'ailleurs écrit, avec Marine Le Pen, le discours de Valmy de 2007. Il a quitté le parti lorsque celui-ci a refusé de lui offrir la tête de liste pour les Européennes en Île-de-France.

Les liens entre le Front national et Alain Soral ne s'arrêtent pas là. Frédéric Chatillon, responsable de la communication du FN, et Philippe Péninque, conseiller spécial de Marine Le Pen, ont ainsi participé à la fondation d'Égalité et Réconciliation. Les deux anciens du GUD ont aussi organisé les voyages d'Alain Soral et de Dieudonné en Iran, au Liban et en Syrie.

Marc George, ancien du Front national et ancien numéro 2 d'Égalité et Réconciliation, affirme pour sa part avoir quitté Alain Soral parce que celui-ci s'est mis à soutenir Marine Le Pen, parlant même d'un pacte dans un entretien au journal pétainiste Rivarol.

Alors qu'Alain Soral avait écrit une tribune «Marine m'a tuer» lors de son départ du FN, parlant de «*l'autoritarisme dû au manque d'autorité naturelle d'une personne, en réalité peu sure d'elle et pour qui l'exercice d'un pouvoir – qu'elle est inapte à exercer pour ne l'avoir pas conquis – consiste à couper des têtes pour ne s'entourer, au final, que de courtisans et d'imbéciles*» qui expliquerait que « *la « bande à Marine » – cet agglomérat de multi-transfuges, de marchands du Temple et de cage aux folles – a tout fait pour me barrer la route et me neutraliser depuis deux ans, et ce malgré la confiance et l'amitié que m'accordait le Président, le respect et la neutralité courtoise d'un Bruno Gollnisch* », il a finalement par la suite publié un éloge de Marine Le Pen dans le magazine Flash.

Plusieurs cadres d'Égalité et Réconciliation ont par la suite été aperçus au défilé du 1er mai du Front national. Jean-Marie Le Pen et Bruno Gollnisch ont fait le signe de la quenelle, créé par Alain Soral et Dieudonné. Si Marine Le Pen a affirmé que « *beaucoup de gens effectuent ce geste sans imaginer une demi-seconde qu'il y a une référence antisémite derrière* », les deux cadres du Front national, qu'on imagine mieux informés, ont tous deux assumé ce geste par la suite, Bruno Gollnisch le reproduisant d'ailleurs durant un conseil régional. Marie d'Herbais de Thun, ex-femme de Frédéric Chatillon, attachée de presse au FN, responsable du journal de bord de Jean-Marie Le Pen et candidate aux législatives en 2012, a aussi assumé ce geste.

D'autres têtes de liste du Front national sont proches d'Alain Soral et de ses idées. Christian Bouchet, candidat FN à Nantes et figure historique de l'extrême-droite, en est certainement le plus proche. Lydia Schénardi, candidate à Menton, fait des lectures de textes d'Alain Soral. Robert Ménard, qui se présente à Béziers, serait un « ami ». Julien Rochedy, candidat lui à Montélimar, se dit lecteur d'Alain Soral. Jean-Christophe Gruau, candidat à Laval, reprend une formule du « pamphlétaire célèbre ». Sylviane Boulet, candidate à Cergy, a célébré « la quenelle chez les Papous ». François Ihuel, initialement candidat à Briançon, a aussi repris la quenelle à son compte. Christophe Gillet, qui se présente à Jarnac, a fait une quenelle pour dénoncer la dénonciation de la quenelle.

Brune Ciron, sur la liste FN de Nice, est aussi un admirateur d'Alain Soral. Plusieurs militants et colistiers FN ont effectué la quenelle, à Chambéry, à Saint-Quentin, à Mont-de-Marsan, en Seine-et-Marne, dans le Morbihan, ainsi qu'un ancien candidat FN aux législatives dans le Val d'Oise. Certaines fédérations du FN citent le site d'Alain Soral.

Rappelons qu'Alain Soral se définit comme « national-socialiste », qu'il est systématiquement adepte de la théorie du complot, notamment pour l'assassinat de trois enfants dans une école juive par Mohamed Merah qui résulterait « *d'une opération conjointe franco-israélienne, dans le but de diaboliser les musulmans. C'est la version française, petit budget, des attentats du 11 septembre !* », qu'il affirme avoir « *été massacré par les deux cliques qui tiennent ce milieu, les pédés et les juifs* », qu'il dénonce le « *mariage pour tous* » comme « *une machination maçonnique, satanique, antichrétienne* », qu'il justifie sa quenelle devant le mémorial de la Shoah à Berlin en affirmant que «*ce Mémorial n'a de toute façon été construit que pour humilier le peuple berlinois, la plus grande victime de la guerre. Et aujourd'hui, vous savez à quoi il sert, ce monument ? C'est l'endroit où les pédés se retrouvent pour s'enculer !* », qu'il pense qu'il que « *la trahison et la solidarité sont au fondement* » de la « culture » du sionisme et qu'il « *y a peut-être des problèmes qui viennent de chez vous [les juifs, NDLR]* », qu'il accuse Delanoë de pédophilie, et qu'il a sous-titré son dernier livre (Dialogues désaccordés) « Combat de Blancs dans un tunnel ».

L'argent…

Le 3 avril 2013, une vidéo mise en ligne sur le site Dailymotion, relatant une interview d'Alain Soral, au cours duquel ce dernier indique que la liste électorale du « parti anti-sioniste » dont le coût aurait été de trois millions d'euros, a été financé par l'Iran et qu'à défaut de la réception de ce financement, le parti n'aurait pu présenter de candidats aux élections: "*Si on a pu faire la liste antisioniste qui a coûté 3 millions d'Euros, c'est parce qu'on a eu l'argent des iraniens. Il faut le dire, il fait être honnête. Si on ne l'avait pas eu, on n'aurait pas pu le faire, on n'a pas trois millions d'euros. Surtout qu'on les a perdus. Parce que pour être remboursé, il fallait faire 5% au minimum*" explique à l'antenne Alain Soral.

Une ligne idéologique qui est aussi un business. En janvier dernier, la cour d'appel a rejeté l'appel visant l'interdiction, pour antisémitisme, d'un livre et la censure de quatre autres, tous édités par Alain Soral. Le tribunal de grande instance de Bobigny avait ordonné, en novembre 2013, le retrait de "L'Anthologie des propos contre les juifs, le judaïsme et le sionisme" de Paul-Eric Blanrue, publié par la maison d'édition Kontre Kulture, dont Alain Soral est le directeur de publication.

Le tribunal avait également ordonné le retrait de passages figurant dans quatre ouvrages du XIXe et du XXe siècle, republiés par Alain Soral, "La France juive" d'Edouard Drumont, "Le salut par les Juifs" de Léon Bloy, "Le juif international" d'Henry Ford et "La controverse de Sion" de Douglas Reed. Un véritable reader's digest de l'histoire de la littérature antisémite.

Stages commando

Le Parti socialiste est inquiet. C'est Alain Soral qui fait peur aux dirigeants du PS. Ils s'émeuvent après la parution d'un article dans le Canard Enchaîné publié mercredi 6 août qui évoque l'organisation de stages commando. "*La nature belliqueuse des stages ne fait aucun doute. (...) Le PS appelle les pouvoirs publics à la plus grande vigilance*", peut-on lire dans un communiqué.

Un petit tour sur le site Egalite et Réconciliation, tenu par Alain Soral permet d'en savoir plus. Une vidéo montre en effet ce que sont ces stages qui se déroulent régulièrement dans la forêt de Fontainebleau. Le prochain, organisé par l'organisation "Prenons le maquis" qui a pris la suite il y a quelques mois "d'Instincts de survie" est d'ailleurs annoncé pour la fin du mois d'août. C'est ce rassemblement qui est dans le collimateur du PS. "*Cette formation est centrée sur la notion de citoyen responsable*", peut-on lire sur le site où l'on apprend aussi qu'il faut débourser 200 euros pour un week-end. A première vue, les objectifs sont louables. "*A l'issue de cette formation, le participant aura appris à administrer les premiers soins, gérer une situation de crise et adopter les réactions adaptées, améliorer sa situation personnelle et rétablir des liens sociaux avec son entourage*", est-il mentionné.

Seulement en visionnant la vidéo d'un précédent stage, on s'aperçoit vite que l'on est loin de l'ambiance des camps de scouts. Il est certes question de feu de camp dans les bois et d'instruction pour apprendre les gestes de secours mais ces moment aussi l'occasion d'apprendre à se battre. Parfois à mains nues, dans des séances de self-défense mais aussi avec des couteaux. La scène la plus surréaliste est celle d'un homme qui riposte avec une arme à feu à un individu qui arrive dans son dos. Pour l'exercice, il s'agissait d'une balle à blanc. Pas sûr que ce soit toujours le cas si l'altercation devait survenir en pleine rue.

Poursuites judiciaires

Alain Soral et Dieudonné sont confrontés à de nombreuses poursuites judiciaires. Trois mois de prison avec sursis et 10.000 euros d'amende ont été requis à l'encontre de l'essayiste d'extrême droite, accusé d'incitation à "la haine, la discrimination ou la violence" à l'égard du journaliste Frédéric Haziza et de la communauté juive. Le tribunal a mis son jugement en délibéré au 21 novembre.

L'humoriste Dieudonné a lui été mis en examen cet été dans un dossier financier pour fraude fiscale, blanchiment et abus de biens sociaux. Et plusieurs procès se profilent encore. Dieudonné doit notamment être jugé le 26 novembre à Paris pour l'appel aux dons qu'il avait lancé sur internet pour payer ses condamnations pécuniaires, ce qu'interdit la loi.

Toujours à Paris, il est convoqué le 28 janvier 2015, pour provocation à la haine raciale après des propos sur le journaliste de France Inter, Patrick Cohen. "*Quand je l'entends parler, Patrick Cohen, je me dis, tu vois, les chambres à gaz... Dommage*", avait-il lancé lors de son spectacle "Le Mur", au théâtre de la Main d'Or à Paris.

Egalité & Réconciliation

4.231 personnes ont adhéré à Egalité & Réconciliation au cours de l'année 2014/2015 via Internet. Un document recense les souscriptions enregistrées sur le site web de l'association, entre le 1er mai 2014 et le 5 mai 2015. Ce chiffre de 4.231 adhérents ne prend pas en compte les inscriptions par chèque, voie postale ou réalisées de main à main pendant les conférences. Il est donc légèrement sous-évalué. Comparé aux 8.000 membres revendiqués d'un parti institutionnel comme Europe-Ecologie, il peut sembler important. Mais il est très loin du chiffre de 12.000 adhérents, régulièrement avancé dans les médias.

Il témoigne aussi des difficultés de l'association pour conquérir un nouveau public. En effet, ils étaient déjà 4.235 membres en 2013, d'après un compte-rendu d'assemblée générale. Et si quelques noms de personnalités de l'extrême droite figurent dans la liste des premiers adhérents comme celui de David Rachline, le sénateur-maire Front National de Fréjus, tous ont aujourd'hui déserté l'association.

Les adhésions restent néanmoins une source de revenus importante pour Egalité & Réconciliation. Toujours d'après le même document, elles ont rapporté au moins 137.736 euros à l'association du 1er mai 2014 au 5 mai 2015, le ticket d'entrée oscillant entre 20 et 50 euros. A ce chiffre d'affaire, il faut ajouter 15.946 euros de dons. Quant aux revenus des vidéos payantes sur Dailymotion, ils ont rapporté 15.538 euros en août 2014 et 12.256 euros sur les 5 premiers jours de septembre de la même année, indique Stéphane Condillac, le monsieur web d'E&R. En effet depuis juillet 2014, Alain Soral fait payer entre 2 et 3 euros le visionnage de ses grands entretiens mensuels.

Cet argent sert en partie à payer les auto-entrepreneurs qui alimentent le site d'Egalité & Réconciliation. Plusieurs documents détaillent les tarifs pratiqués : 5 centimes par commentaire modéré, 250 euros par revue de presse mensuelle ou encore 2,5 euros pour 1.500 signes édités. De quoi attirer des dizaines de « dissidents » en quête d'un petit job d'appoint.

K-ulture pour tous

Cette holding présidée par Soral exploite des marques dans le secteur de l'édition, du bio et du survivalisme. Un relevé bancaire de ses comptes, montre qu'elle a généré 163.034 euros, rien qu'au mois de mars 2015. C'est peu ou prou la même somme qu'au mois d'octobre 2014.

Depuis le livre Le système Soral on savait que Philippe Péninque, un des hommes d'affaires qui conseillent Marine Le Pen, s'était porté caution pour l'un des appartements d'Alain Soral. On apprend aujourd'hui qu'une société de son associé Frédéric Chatillon, également intime du clan Le Pen, organise les déplacements du staff d'Egalité & Réconciliation. Et Soral se fait plaisir. Quand il se rend à Lyon le 26 mai 2014 pour donner une conférence intitulée « Les Juifs et les autres », il insiste pour passer la nuit dans un 5 étoiles, « soit le Royal, soit la Cour des loges ». Si son garde du corps se contente de la chambre standard, lui demande la taille au-dessus. Soral passera la nuit dans une suite de 40m2, avec vue sur la place Bellecour, chambre et salon séparés et même... 2 téléviseurs LCD ! Pas mal pour l'autoproclamé dissident « antisystème ».

C'est la société Dreamwell qui a payé la note de 459 euros, comme l'attestent les vouchers émis par l'hôtel. Il faut y ajouter deux billets de train aller/retour en 1ère classe entre Lyon et Paris pour près de 600 euros. Soral précise à son équipe qu'il s'agit de l'agence avec qu'ils travailleront désormais pour « TOUS [leurs] déplacements ».

Dreamwell est au cœur de « la Gud connection », du nom de ce groupuscule nationaliste qui faisait le coup de poing sur les campus dans les années 1990 et dont les ex-membres s'occupent aujourd'hui des finances du Front National. Cette SAS est en effet détenue à 55% par la société Riwal, présidée par Frédéric Chatillon, ancien boss du Gud et principal prestataire du FN pour sa communication. Quant à Olivier Duguet, gérant-fondateur de Dreamwell qui a rendu ses parts en 2014 et également «gudard», il a été trésorier du micro-parti lepéniste Jeanne de 2010 à 2012, comme le révélait Mediapart. Depuis janvier 2015, ces deux proches de Marine Le Pen sont mis en examen pour financement illégal de parti politique dans l'affaire des kits de campagnes du FN.

Dieudonné

Plusieurs cadres du FN ont été vus aux spectacles de Dieudonné, notamment lorsque celui-ci a fait monter le négationniste Faurisson sur scène. Des formations pour les militants FN ont aussi été organisées à la Main d'Or, le théâtre de Dieudonné. Jean-Marie Le Pen est par ailleurs le parrain du quatrième fils de Dieudonné.

Alors que Dieudonné continue de faire parler de lui, ce sont cette fois ses liens avec l'Iran qui refont surface. Filmé lors des vœux de François Hollande aux autorités religieuses, Manuel Valls déclare au président du Conseil français du culte musulman, Dalil Boubakeur, que l'humoriste controversé est «financé par l'Iran». Une assertion confirmée à l'image par le recteur de la Grande mosquée de Paris. «Bien sûr», rétorque-t-il au ministre de l'Intérieur et des Cultes. Sans qu'aucun des deux toutefois n'étaye son propos par des faits précis.

S'il est impossible d'affirmer que le polémiste est aidé financièrement par la République islamique, des liens existent entre eux depuis au moins 2009. Le 21 novembre de cette année-là, Dieudonné M'Bala M'Bala avait effectué une visite en Iran, au cours de laquelle il avait rencontré le président de l'époque, Mahmoud Ahmadinejad, connu pour ses positions anti-Israël. L'entretien, qui avait duré une heure, s'était déroulé de manière «détendu(e) et amical(e)», selon le Parti anti-sioniste, sous les couleurs duquel l'ex-partenaire d'Elie Semoun s'était présenté quelques mois plus tôt aux élections européennes. Les deux hommes avaient abordé de «nombreux sujets, dont, entre autres, le sionisme». L'année suivante, Dieudonné mettra d'ailleurs en scène son amitié avec le chef de l'État iranien - une «guide pour (lui)» - dans son spectacle intitulé Mahmoud.

Au cours de ce même séjour, Dieudonné s'était également exprimé au cours d'une conférence sur le cinéma organisée au ministère de la Culture iranien. Dans une interview au quotidien pro-gouvernemental Tehran Times réalisée à cette occasion, il se plaignait de l'impossibilité d'aborder le thème de l'holocauste en France. Il y déplorait aussi l'annulation de 200 de ses spectacles à cause, selon lui, du lobby sioniste. Une visite qui a permis à Dieudonné de se voir ouvrir les portes des chaines de télévisions iraniennes à plusieurs reprises.

Au cours de l'année 2011, le rapprochement de Dieudonné et de la République islamique prend une tournure financière. Le Français réalise son premier long-métrage, L'Antisémite, qu'il coproduit avec une société iranienne. Le film, qui n'est pas diffusé en salles mais commercialisé sur internet pour ses seuls «abonnés», est présenté le 15 janvier 2012 en avant-première au théâtre de la Main d'or. L'humoriste y interprète le rôle principal: un homme alcoolique et violent, déguisé en officier nazi pour un bal costumé. Le négationniste Robert Faurisson y joue également pendant quelques minutes son propre rôle, tandis que la Shoah y est personnifiée en sainte.

Dieudonné est déjà la cible d'une enquête ordonnée par le parquet de Chartres depuis un an pour «blanchiment», «organisation d'insolvabilité» et «fraude fiscale». Selon Le Monde, il aurait envoyé plus de 400.000 euros au Cameroun depuis 2009, dont 230.000 euros pour la seule année 2013.

Yahia Gouasmi

Dieudonné s'est rendu en Iran afin de récolter des fonds pour lutter contre le sionisme. Dieudonné a tenté de libérer Clotilde Reiss, l'étudiante de science po Lille. L'humoriste controversé est devenu le porte voix des anti-sionistes. La tête de gondole. Dans son sillage, on voit revenir sans cesse un nom: Yahia Gouasmi. L'homme qui l'a accompagné en Iran. L'homme qui a vraisemblablement permis la rencontre avec le président Ahmadinejad. Plus discret qu'un Dieudonné, ce Nordiste, responsable du centre Zahra à Grande-Synthe (Dunkerque) bénéficie, semble-t-il, de vastes réseaux.

En Mai 2009, Dieudonné est en plein meeting lorsqu'il reçoit un coup de fil de Carlos. Depuis sa cellule de Poissy, le terroriste vénézuélien apporte son soutien à la tête de liste anti-sioniste. Gros coup de pub pour le Parti à quelques jours des européennes. Comment l'humoriste peut-il être en contact avec le terroriste du début des années 90? La réponse est peut-être à chercher dans son sillage. Yahia Gouasmi. Depuis le début de l'année, le nom revient systématiquement aux côtés de Dieudonné. Désigné, parfois, comme le financeur de la campagne des européennes.

Des interventions à la télévision iranienne, des interviews afin de promouvoir le mouvement anti-sioniste, des prises de positions virulentes. Et toujours ce même champ lexical où les mots sont pesés avant d'être posés. Où l'on veille à ne pas être taxé d'antisémitisme. Officiellement, président du centre Zahra, responsable de la fédération chiite de France (parfois soupçonnée de vouloir importer le conflit du Moyen-Orient dans la société française), fondateur du

Parti anti-sioniste (3e position sur la liste aux dernières élections européennes) et de l'observatoire anti-sioniste. Un homme clé de cette mouvance anti-sioniste en France. La soixantaine enrobée, une allure de patriarche, un visage apaisant, le verbe réfléchi.

Le Centre Zahra

Né en Algérie, de nationalité française, Yahia Gouasmi vit à Grande Synthe depuis de plus de 20 ans. Grande Synthe, une adresse commune pour le centre Zahra et son émanation politique le Parti anti-sioniste (PAS). Pour en savoir davantage, direction son site internet. La page d'accueil s'ouvre sur une musique orientale envoûtante. Elle indique sobrement qu'il s'agit d'une association loi 1901 dont le but « est de faire connaître le message de l'Islam à travers le regard du Prophète et de sa famille ; de les faire connaître, de traduire leurs pensées et de témoigner de leurs œuvres ». Pas d'autre précision. Il y a quelques mois encore, on apprenait que cette association créée en 2005 comptait une centaine de membres, demeurait en construction et fermée au public...

Installé dans un ancien corps de ferme restauré, en retrait de la route, le centre se revendique comme un lieu de spiritualité proposant séminaires, conférences. Accueillant les adultes comme les jeunes enfants. Une association discrète dans le dunkerquois mais très active sur le net au travers de ses nombreuses vidéos diffusée sur sa chaîne Dailymotion.

Le site et ses nombreuses vidéos renseignent aussi sur les amitiés entretenues par l'association. Amitiés pour le moins sulfureuses. Au-delà de Dieudonné ou d'Alain Soral, on y trouve par exemple, Kémi Séba, chef de file des Damnés de l'impérialisme, dont le premier mouvement – la Tribu Ka – avait été dissous en 2006 pour incitation à la haine raciale et antisémitisme. D'autres noms interpellent aussi. Comme le père Michel Lelong, soutien du négationniste Roger Garaudy et favorable à la diffusion en France de la chaîne libanaise Al-Manar financée notamment par le Hezbollah ; une chaîne placée dans la liste des organisations terroristes par les Etats-Unis. On trouve encore des soutiens au Hezbollah.

Ou des liens avec le Parti solidaire français, formation nationaliste « d'aspiration socialiste », dont un cadre figurait sur la liste emmenée par Dieudonné aux européennes de juin. On citera encore le nom d'Ahmed Moualek, responsable du site « La Banlieue s'exprime », rappelé à l'ordre cet été par la Licra (Ligue internationale contre le racisme et l'antisémitisme). Mais on voit se dessiner un réseau dans lequel gravitent groupuscules d'extrême droite, négationnistes, révisionnistes et anti-sionistes. Un réseau dans lequel il paraît toutefois hasardeux de préciser le rôle joué par le centre Zahra et son charismatique responsable.

On trouve peu de renseignements sur ce Franco-algérien âgé de 60 ans. Avec deux autres hommes, Yahia Gouasmi est soupçonné d'être impliqué dans un attentat manqué contre un journaliste iranien opposant au régime islamiste à Londres en 1984. Il demeurera un mois à la prison de Loos-lez-Lille au secret, avant d'être remis en liberté faute d'éléments probants. Pas de conclusion hâtive, mais cela invite à en savoir davantage sur ce boucher halal dunkerquois.

Proche de Téhéran

Le boucher halal, qui rêvait de faire fortune en commerçant avec le monde arabe, n'a jamais fait mystère de son attachement à l'Iran et à l'imam Khomeiny. Et les vidéos largement diffusées sur le net en attestent aujourd'hui encore. Militant d'une République islamique au Maghreb, il entretient déjà de vastes réseaux.

Nul hasard au fait que Dieudonné, qui s'y est rendu plusieurs fois, présente le régime des ayatollahs comme l'espace de liberté par excellence, dont profitent des célébrités comme Robert Faurisson (pilier du négationnisme, condamné par les tribunaux français) et bien d'autres.

Thierry Meyssan

Thierry Meyssan s'est rendu célèbre en écrivant, dans L'Effroyable Imposture, puis dans Le Pentagate (Carnot), que les services secrets américains avaient monté les attentats contre le Pentagone et le World Trade Center. Les esprits sensés savent que ces thèses sont délirantes, pourtant, à la tête de Réseau Voltaire.net, une agence d'information alternative qu'il a créée en 1994 (en ligne depuis 1998), Thierry Meyssan continue d'inonder le monde de ses «scoops» et d'influencer une certaine gauche française, peu regardante sur la rigueur. Plus grave, cet homme est considéré à travers le monde comme un «dieu vivant», selon l'expression de la politologue Fiammetta Venner, qui lui consacre un portrait remarquablement enquêté: L'Effroyable Imposteur, chez Grasset.

Les thèses extravagantes de Thierry Meyssan, qui, selon Fiammetta Venner, se présente partout comme l' «ambassadeur de la liberté d'expression», ont en réalité servi les intérêts de ceux qui, notamment, chargent les Etats-Unis et diabolisent les juifs. Et comblé à travers le monde les lecteurs épris d'irrationnel qui, se méfiant des vérités officielles, finissent par douter de toute information raisonnable: c'est si facile de croire au complot ennemi.

Surtout Thierry Meyssan affirme que pas moins que la DGSE et la CIA ont tenté de l'assassiner... sans succès : « *Je n'aime pas évoquer les opérations qui ont été conduites par la CIA et la DGSE pour m'éliminer parce que je ne peux pas en apporter la preuve* »

Vive la révolution

«*La victoire de la révolution islamique d'Iran de 1979, peut être évaluée, dans l'histoire du monde, aux côtés d'autres grands événements comme la révolution française de 1789 et de la révolution d'octobre 1917. (...) La révolution islamique continue d'être une source d'inspiration pour un nombre considérable de mouvements populaires et révolutionnaires. Cela montre que le peuple iranien reste toujours attaché à sa révolution. (...) La révolution islamique d'Iran a une nation qui inspire, automatiquement, les valeurs auxquelles aspirent les nations du monde* ».* Ces propos sont extraits d'une interview de Thierry Meyssan publiée sur le site de l'IRIB, l'agence de presse officielle de la République islamique.

Les premiers contacts de Meyssan avec les mollahs et leurs supplétifs libanais remontent à 2002. Cette année-là, Meyssan publie son best-seller conspirationniste, L'Effroyable imposture, un livre dont la traduction et l'impression en persan est assurée par le gouvernement iranien. En 2008, Meyssan quitte la «zone OTAN» pour la Syrie avant de se fixer définitivement au pays du Cèdre. Il déclare travailler aujourd'hui pour Al-Manar, la chaîne de télévision du Hezbollah et intervient régulièrement sur Sahar TV, une chaîne satellitaire appartenant à l'IRIB.

La méthode de désinformation est bien huilée. Elle consiste en une stricte application d'un principe immémorial : « la meilleure défense, c'est l'attaque ». Les Iraniens descendent dans la rue pour protester contre les fraudes électorales qui ont entaché la réélection de l'ultra-conservateur Ahmadinejad ? Meyssan explique que les manifestants sont manipulés par la CIA ; des hauts responsables iraniens sont impliqués dans l'attentat contre la communauté juive de Buenos Aires en 1994 ? Meyssan incrimine le Mossad; le Spiegel révèle que le Hezbollah est impliqué dans l'assassinat de l'ancien premier ministre libanais Rafiq Hariri? Meyssan accuse les Etats-Unis et Israël d'avoir commandité l'attentat ; etc.

Sur le site « *reopen911* », le site des révisionnistes du 11/09, où il déclare : « *Je ne suis pas simplement proche d'al-Manar [la chaine de propagande du Hezbollah], je prépare actuellement des émissions et des documentaires pour elle. Cette chaîne se définit comme la voix de la Résistance dans une région en guerre».*

Plus loin, il compare le Hezbollah de Nasrallah à Jean Moulin : « *Je me sens donc proche du Hezbollah en tant que principal réseau de résistance au proche-Orient (...) J'éprouve beaucoup d'admiration pour Hassan Nasrallah, parce qu'il n'est pas seulement un grand résistant, mais parce qu'il a une vision claire du conflit et une pensée généreuse.* »

L'affaire Dieudonné

Communique du 10 Janvier 2014 (Réseau Voltaire)

Le Réseau Voltaire possède dans son objet social la défense des idéaux qui ont présidé à la Révolution française de 1789 et également au droit international tel qu'il est contenu dans la charte de l'ONU. En outre et selon ses statuts le Réseau Voltaire s'oppose à tous types de censures et à tous types de discriminations raciales ou fonction des préférences sexuelles.

De ce fait même, le Réseau Voltaire juge insupportables et inquiétants les actes de censures pris à l'encontre de Dieudonné pourquoi ?En fonction de ses idéaux fondamentaux et notamment en se référant à la Déclaration des droits de l'homme et du citoyen de 1789, le Réseau Voltaire a pris plusieurs positions et milite activement pour ces dites et fondamentales positions.

D'abord, étant farouchement républicain, le Réseau Voltaire milite pour que s'exerce la souveraineté de la nation sur notre république selon l'article 3 de la DDHC, en conséquence de quoi il ne peut être qu'opposé à toute soumission de notre État à des intérêts étrangers, qu'ils soient israéliens, saoudiens ou étasuniens.

Notre république, si elle voulait respecter la volonté de ses initiateurs, devrait absolument et expressément sortir de l'OTAN, de l'Union européenne et de la zone euro. Mais malheureusement, des forces étrangères ont pris le pouvoir en France et détourné nos valeurs républicaines et nationales pour ne faire de la France qu'un pays soumis et en phase de dégénérescence rapide, comme chaque Français peut le constater aujourd'hui avec l'accentuation de la désindustrialisation et donc de l'extension du chômage et la pauvreté.

Le pouvoir qui sévit en France, surtout depuis l'avènement de Nicolas Sarkozy, est soumis sans aucune retenue à ces intérêts étrangers et impérialistes, qu'ils soient israéliens, saoudiens ou étasuniens.Cette extrême soumission a lancé notre pays et ses forces armées dans d'horribles guerres

Libye, en Palestine et en Syrie a cristallisé contre lui une grande colère populaire, colère qui s'exprime de différentes manières et qui de temps en temps retombe sur les juifs malheureusement et d'une inquiétante façon. L'instrumentation éhontée du martyre juif a attiré l'attention de beaucoup sur ce martyre et sa critique en est malheureusement devenu le corollaire.

Dieudonné en tant qu'humoriste provocateur, suivant en cela une tradition française allant de Coluche à Pierre Desproges, a poussé la provocation humoristique jusqu'à faire grincer des dents avec son Shoananas pendant du tout aussi raciste Chaud cacao d'Annie Cordy déguisée en négresse et qui pouvait également choquer la sensibilité des Africains.

Les forces impérialistes de l'intérieur, poussées en cela par l'État d'Israël, ont pris prétexte des spectacles de Dieudonné et particulièrement de son dernier spectacle Le Mur, qui est une vive critique du sionisme, pour demander à ses séides locaux de censurer ces spectacles en allant même au-delà de la loi française, qui garantit la liberté d'expression. Cette censure rejetée par le tribunal administratif a pris la forme d'un coup de force, quasiment d'un coup d'État, en obligeant un Conseil d'État aux ordres du pouvoir exécutif à censurer le spectacle de Nantes.

Le pire est que cette censure s'est faite dans la bruyante et éhontée approbation de la néo-gauche, dont d'ailleurs il est remarquable qu'elle s'aligne systématiquement sur l'impérialisme extérieur, comme pour les guerres de Libye et de Syrie, comme sur l'impérialisme intérieur, qui essaye de nous faire accepter la soumission du peuple français à l'OTAN à l'Union européenne et à l'euro.

Le Réseau Voltaire France, comme le Réseau Voltaire International, proteste énergiquement contre la censure qui de plus en plus sévit en France, empêchant toute contestation du système impérialiste dans les médias. Il est d'ailleurs remarquable que seule la BBC nous ait demandé notre point de vue sur l'affaire Dieudonné.

Thierry Meyssan et moi-même, Alain Benajam, président du Réseau Voltaire France, tout en ne partageant pas toujours son point de vue, assurons Dieudonné, humoriste sainement provocateur, de notre soutien et de notre solidarité dans sa bataille contre la censure et pour le respect du droit républicain.

coloniales ; contre la Libye d'abord et la Syrie ensuite par l'armement le soutien logistique, financier et militaire des forces jihadistes liées à Al-Qaïda, c'est-à-dire à l'Arabie Saoudite, aux USA et à Israël.

Ces trois pays forment un axe de soutien politique et financier au pire des impérialismes que le monde ait connu depuis longtemps en terme de malfaisance et d'agressivité.Face à cette politique, le peuple français ne cache plus sa colère, colère qui s'exprime de manières les plus spontanées et les plus diverses.

Jadis l'existence d'un Parti communiste et de syndicats pouvait organiser et canaliser les colères populaires. Aujourd'hui l'inexistence de partis d'opposition, l'exacte similitude à tous points de vue entre la droite et la gauche institutionnelle, la collaboration de ce qui reste de l'ancien Parti communiste français avec les forces impérialistes de l'intérieur laissent notre peuple à sa colère et sans aucune perspective politique.

Dans ce contexte, certaines personnalités deviennent çà et là des leaders d'opinion grâce à l'Internet et aux réseaux sociaux qui permettent la diffusion extrêmement rapide de l'information. Ces leaders d'opinions peuvent prendre une importance considérable, la nature ayant horreur du vide politique dans lequel la néo-gauche a laissé le peuple français. Ainsi l'humoriste Dieudonné a cristallisé autour de lui la colère du peuple et son signe de ralliement, la « quenelle », est devenu le signe de reconnaissance de tous ceux opposés au système impérialiste, intérieur et extérieur et à ses supports politico-médiatiques qui sévissent dans notre pays.

Face au danger, ces forces impérialistes utilisent une stratégie mise en œuvre depuis longtemps et inaugurée contre nous, le Réseau Voltaire, à la suite de notre critique de la version officielle donnée par les USA et les politico-médias des attentats du 11 septembre 2001. Cette stratégie consiste à vouloir diaboliser l'adversaire en le qualifiant de nazi et en rejetant à ce que l'impérialisme appelle « l'extrême droite » toute contestation de son système.

Pour ce faire cet impérialisme a pris le parti d'instrumenter le martyre des juifs d'Europe par les nazis durant la Seconde Guerre mondiale en amalgamant toute critique de l'impérialisme dans lequel l'État israélien a cru devoir s'impliquer, à une manifestation antisémite, voire carrément nazie. Dans cet ordre d'idée, il a lancé l'idée saugrenue que le signe de la « quenelle » était un salut nazi inversé et de ce fait accusé les auteurs de ce signe d'apologie de crime de guerre et de crime contre l'humanité pouvant être poursuivis par la justice.

L'implication particulière d'Israël avec les sionistes du monde en première ligne dans cet épouvantable impérialisme massacreur de peuples comme en

www.ingramcontent.com/pod-product-compliance
Lightning Source LLC
Chambersburg PA
CBHW072026280526

45788CB00007B/2696